AF298456

MOYENS DE PAYER

EN OR ET EN ARGENT

(Et non en Traites ni en Billets de Banque)

LES

TROIS MILLIARDS

Que la France doit encore à la Prusse.

PAR

DAVID (DE CHOLET)

Auteur du projet de la Banque territoriale et agricole.

—⁘—

Prix : 50 centimes.

—⁘—

PARIS

EN VENTE CHEZ L'AUTEUR

26, RUE CADET, 26.

—

MAI 1872

SOMMAIRE.

Du paiement en or et en argent des trois milliards restant dus à la Prusse. — Disparition du numéraire : ses causes; le cours forcé.

Moyens de réaliser en espèces métalliques et en maintenant le cours forcé, les trois milliards nécessaires.

Moyens de réaliser ces trois milliards en espèces et en supprimant le cours forcé.

Remboursement en rentes de 1500 millions empruntés par l'État à la Banque, et des dépôts faits à cet établissement.

Moyens de rendre abondants les capitaux en circulation, et à bon marché, pour toutes les classes de la Société.

La Banque territoriale et agricole. — Constitution et organisation de cette Banque. — Ses avantages.

La hausse des valeurs émises à la Bourse. — Accroissement de la fortune publique.

La Banque de France, son privilége. Le Crédit foncier et la Banque territoriale.

Conclusions.

Paris. — Typ. Pillet fils aîné, rue des Grands-Augustins, 5.

MOYENS DE PAYER

EN OR ET EN ARGENT

(Et non en Traites ni en Billets de Banque)

LES TROIS MILLIARDS

Que la France doit encore à la Prusse.

Chacun, en ce moment, se préoccupe avec raison de l'indemnité de 3 milliards que la France doit encore à la Prusse. Ce payement, on le sait, devant être effectué en or et en argent, *et non en billets de Banque*, paraît malheureusement bien difficile à effectuer. Jusqu'ici, aucun des nombreux projets présentés n'a indiqué les moyens pratiques d'y parvenir. Ce sont ces moyens que nous nous proposons de donner dans cette étude.

Dans l'état actuel des choses, bien qu'il y ait encore en France 5 à 6 milliards d'or et d'argent, il est devenu matériellement impossible de trouver 3 milliards en espèces métalliques, par suite de la disparition du numéraire de la circulation. Cette disparition a été causée par l'emprunt de 1,500 millions que l'État a fait à la Banque de France, et pour lequel celle-ci a émis des billets de Banque. Cet emprunt de 1,500 millions n'a été bien connu et apprécié du public qu'après celui de 2 milliards, et il a eu pour conséquence immédiate la dépréciation des billets, la raréfaction des espèces, et il a empêché la Banque de France de supprimer le cours forcé de ses billets.

Tant que cet établissement n'aura pas recouvré en totalité les 1,500 millions qu'il a avancés à l'État, il sera obligé de maintenir le cours forcé. Or, il est absolument indispensable de l'abolir, si l'on veut obtenir, par des emprunts, autre chose que du papier.

En voici la preuve : les gouvernements d'Italie, d'Autriche et de Russie, qui ont donné le cours forcé aux billets de leurs banques, peuvent à peine trouver dans leur pays des espèces en quantité suffisante pour payer les intérêts des sommes qu'ils ont empruntées à l'étranger. Pour se procurer du numéraire, ils sont très-souvent obligés de recourir à de nouveaux emprunts extérieurs. Si ces États sont embarrassés pour recouvrer quelques millions en numéraire, comment la France, dont la position est devenue identique à celle de ces États, pourrait-elle obtenir des milliards pour nous libérer envers la Prusse ?

Elle pourrait certainement, par des emprunts publics, recueillir 5 à 6 milliards en papier, si elle les demandait au public ; mais comme il faut 3 milliards d'or ou d'argent, et qu'il ne circule actuellement que du papier, il est à craindre, si l'on est obligé, après l'emprunt, d'échanger cette somme si importante contre espèces, tant à l'étranger qu'en France, que cet échange ne fasse doubler le prix de l'or, et qu'il ne faille peut-être 6 milliards de billets pour avoir 3 milliards en or.

1° Les Emprunts du Gouvernement de 2 et de 3 milliards.

Au moment de l'emprunt de 2 milliards, le numé-raire circulait encore facilement, malgré la quantité de papier en circulation, et il n'y avait pas de diffé-rence pour le change entre l'or et les billets de Ban-que. Aussi cet emprunt nous a-t-il fourni, avec l'or que nous a donné la Banque de France en échange de billets, à peu près tout l'or et l'argent que nous avons payé à la Prusse.

Mais il n'en sera pas de même pour l'emprunt nou-veau de 3 milliards. L'argent ne circulant plus, le pa-pier circulant seul et perdant sur l'or, on ne pourra recevoir, pour cet emprunt, que du papier, à moins que l'on ne fasse revenir l'or sur le marché, en sup-primant le cours forcé.

2° Le cours forcé, ses conséquences, retrait du cours forcé. Moyens de recevoir beaucoup de numéraire dans l'Emprunt de 3 milliards.

Si le cours forcé n'est pas supprimé, il peut se faire, par suite de la dépréciation des billets sur l'or, que ceux qui possèdent le numéraire ne veuillent pas souscrire à l'emprunt, à moins que le Gouvernement ne fasse connaître d'avance : 1° *que toutes les souscriptions effectuées en numéraire ne seront point réduites ;* 2° *et qu'il sera en outre accordé aux souscripteurs une prime sur l'or, prime fixée au moment de l'emprunt.*

Ce n'est qu'à ces deux conditions que le Gouverne-ment pourra recevoir beaucoup de numéraire, s'il ne supprime pas le cours forcé. Mais dans ce cas, les banquiers de l'étranger s'entendront avec les banquiers de France, non-seulement pour ne pas être réduits, mais encore pour toucher aussi la prime à toutes les échéances, ce qui sera onéreux pour le Gouvernement. Mentionnons cependant que le Gouvernement, par suite de la prime qu'il donnera à ceux qui le payeront en or, pourra se dispenser d'accorder une bonification de 5 à 6 p. 100 aux souscripteurs qui feront leurs versements par anticipation, ainsi qu'il a l'habitude de le faire, et il pourra gagner considérablement à cette compensation, parce que la prime qu'il accordera aux souscripteurs qui le payeront en or, ne sera pas de 6 p. 100; à peine si elle sera seulement de 2 p. 100.

Mais, à moins d'appliquer les deux idées que nous venons de mentionner pour obtenir de l'or et de l'argent en faisant l'emprunt, il n'y aurait pas d'autres moyens sérieux pour nous libérer envers la Prusse en espèces métalliques et sans perte, que le rétablissement de la circulation du numéraire en France, et, en conséquence, le retrait du cours forcé.

3º L'Emprunt de 1500 millions fait par l'État à la Banque de France. Le remboursement de ces 1500 millions.

Pour obtenir ce retrait, il est indispensable de retirer de la circulation les 1,500 millions de billets que l'emprunt de l'État à la Banque y a fait entrer. Ces 1,500 millions de billets une fois disparus, l'or et l'argent, qui ne sont pas encore rares en France, reparaîtraient, et il serait facile, par des emprunts nouveaux, de recueillir des espèces en quantité suffisante pour nous libérer envers la Prusse.

Mais, dira-t-on sans doute, comment supprimer le cours forcé? Et, d'autre part, si le cours forcé est aboli, chacun ne viendra-t-il pas à la Banque réclamer le payement en espèces de ses billets? Comment la Banque pourra-t-elle faire face à toutes ces demandes, puisqu'elle n'a qu'un encaisse de 700 millions, et qu'elle a en circulation 2 milliards 400 millions de billets?

Voici ce que je propose pour résoudre ces difficultés, et l'on sera obligé, si ce n'est pas aujourd'hui, de le faire par la suite : 1° de retirer de la circulation les 1,500 millions de billets émis par la Banque pour le compte de l'Etat; 2° de faire disparaître également les 3 à 400 millions de comptes courants déposés à la Banque de France.

Pour arriver à ce double résultat, il faut, ainsi que nous l'avons indiqué dans un écrit précédent, que l'Assemblée nationale autorise le Gouvernement à créer des rentes 3 ou 5 p. 100 jusqu'à concurrence d'une somme égale aux billets émis par la Banque pour le compte de l'Etat.

Le Gouvernement confiera ces rentes à la Banque, afin qu'elle les place, soit à la Bourse de Paris, soit aux Bourses étrangères. Les ventes auront lieu dans un délai suffisant pour ne pas faire déprécier les autres valeurs négociées sur notre marché.

Ainsi les billets sortiraient de la circulation à mesure que la Banque vendrait ses titres de rente, et cela jusqu'à concurrence du montant intégral des

1,500 millions qui ont été émis pour le compte de l'Etat. Il est bien entendu que le contrat à intervenir entre l'Etat et la Banque de France stipulerait que celle-ci n'aurait ni perte ni bénifice dans l'opération dont il s'agit.

4° Les 3 à 400 millions de comptes courants déposés à la Banque
de France ; leur remboursement.

Il faut, d'autre part, avons-nous dit, rembourser les comptes courants. On y parviendra au moyen d'une autre création de rentes sur l'Etat, remises aux déposants, agissant en cela comme l'a fait le Gouvernement de 1848 pour les fonds déposés à la caisse d'épargne.

Dans le cas où les déposants auraient besoin d'argent, ils pourraient vendre leurs titres à la Bourse, comme le fera la Banque elle-même. Mais il est probable que, n'ayant pas besoin d'argent, ils les garderont en portefeuille, afin d'en recevoir les intérêts.

Ajoutons qu'on pourrait peut-être se dispenser de retirer les comptes courants déposés à la Banque, si l'on était certain que le retrait du cours forcé ne ferait pas courir les déposants au remboursement de leurs billets. Mais ce n'est là qu'une éventualité.

La Banque de France deviendrait débitrice envers l'Etat, pour le montant des dépôts faits chez elle, puisque l'Etat les lui aurait remboursés au moyen de rentes.

Après ces opérations, il ne resterait de billets en

circulation que pour le chiffre des effets à ordre, s'élevant de 6 à 700 millions, alors que la Banque possède dans ses caisses 700 millions d'espèces. Dès lors, le montant de l'encaisse se trouvant égal à celui des billets, la Banque de France pourrait rétablir facilement le payement ou le remboursement de ses billets au porteur en espèces, comme par le passé. Remarquons d'ailleurs qu'il est généralement admis qu'il suffit pour cela que l'encaisse soit du tiers des billets en circulation.

Ici nous prévoyons une objection. On peut craindre que les billets restant en circulation, joints au numéraire qui restera, ne soient insuffisants, après le remboursement des 1,500 millions de billets émis pour le compte de l'Etat et des 3 milliards de numéraire payés à la Prusse, pour faire face aux transactions industrielles et commerciales. Les affaires ne se ralentiront-elles pas encore plus qu'aujourd'hui?

Nous répondrons d'abord que si nous faisons des emprunts pour rembourser les 3 milliards en espèces ci-dessus énoncés, ces emprunts se feront aussi bien à l'étranger qu'en France.

Supposons que l'on recueille ainsi, à l'étranger, 1 milliard et demi en numéraire, ou même 1 milliard seulement, il ne restera plus qu'une somme de 2 milliards que la France devra fournir.

Il y aura donc encore assez d'espèces dans notre pays pour faire renaître les affaires, ramener la confiance et la prospérité et permettre de rembourser les billets au porteur.

5º La Banque territoriale et agricole par l'association des propriétaires.
Création de Billets au porteur.

Il existe, au surplus, un moyen pratique de rendre l'argent abondant dans la circulation, et à aussi bon marché qu'on le voudra, au moyen d'une autre création de billets que celle de la Banque de France.

Nous voulons parler de la Banque territoriale et agricole dont nous avons formulé le projet.

Voici l'exposé sommaire de cette Banque :

La Banque territoriale, que nous proposons depuis plus de vingt ans, sera composée d'une société de propriétaires, qui se feront autoriser à créer et à émettre des billets qui ne porteront point intérêt, de même que ceux de la Banque de France, et qui seront, comme ceux de cette dernière, remboursables au porteur contre espèces.

La différence qu'il y a entre la Banque territoriale que nous proposons et la Banque de France, c'est que le capital-actions de cette dernière est en numéraire, tandis que le capital-actions de la banque territoriale est en propriétés.

Toutes les opérations de la Banque territoriale se feront sous la surveillance et avec le contrôle du Gouvernement.

Les billets de la Banque territoriale seront, pour commencer, garantis hypothécairement sur les propriétés des sociétaires prêteurs de cette Banque et la garantie donnée par eux sera d'une valeur égale à l'émission des billets.

La Banque territoriale prêtera ensuite ses billets, par acte authentique, comme de l'argent comptant, à raison de 4 et même de 3 p. 100 d'intérêt par an, mais seulement pour un délai de trois ou de cinq années, à tous les propriétaires qui lui donneront pour garantie des hypothèques d'une valeur estimative double de la somme qu'ils emprunteront.

Les 4 ou les 3 p. 100 d'intérêt que produiront les billets prêtés par la Banque territoriale seront répartis ainsi qu'il suit, après avoir prélevé les frais minimes d'administration : moitié appartiendra aux propriétaires-sociétaires prêteurs de cette Banque, c'est-à-dire à peu près 2 p. 100 de la valeur de chacune de leurs propriétés pour les rémunérer de la garantie hypothécaire qu'ils auront donnée aux billets; moitié, c'est-à-dire aussi à peu près 2 p. 100, sera attribué à l'État pour son concours et pour l'indemniser de l'abandon de ses droits d'enregistrement et d'hypothèque, abandon qu'il devra faire sur toutes les opérations de la Banque territoriale, et aussi pour qu'il se prête à l'échange, contre espèces, des billets au porteur de cette Banque, au moyen de toutes ses caisses.

De la sorte, le capital numéraire de la Banque territoriale ne lui coûtera pas un centime d'intérêt; et, bien que ses prêts soient à long terme, les espèces qu'elle recevra de l'État se renouvelant indéfiniment, lui permettront d'avoir continuellement des espèces métalliques en quantités suffisantes pour échanger ses billets au porteur, de même que le fera la Banque de France pour les siens, dès que celle-ci pourra se dispenser du cours forcé.

Dans la Banque territoriale, on peut être tout à la fois sociétaire prêteur et emprunteur et sans avoir d'intérêt à payer, pourvu que l'on n'y emprunte que le quart de la valeur de sa propriété.

Comme les billets de la Banque territoriale reposeront sur la plus solide et la plus réelle des garanties, la terre; et, en outre, par le fait de la double intervention des propriétaires sociétaires prêteurs et des propriétaires emprunteurs, qui les garantiront hypothécairement sur leurs propriétés représentant trois fois le chiffre de leur émission : enfin, par leur faculté d'être toujours remboursables à vue, au moyen d'un capital argent se renouvelant indéfiniment et ne coûtant, comme nous l'avons dit plus haut, aucun intérêt à la Banque territoriale, ainsi qu'on le verra plus loin : par toutes ces causes, les billets de la Banque territoriale obtiendront dans la circulation la plus grande confiance.

6° Les assignats comparés aux billets de la Banque territoriale.

Il est impossible qu'on puisse voir dans l'émission des billets créés par la Banque territoriale que ces billets soient des assignats.

Les assignats, d'ailleurs, ne sont ordinairement créés que par les gouvernements eux-mêmes et mis en circulation pour leurs besoins personnels.

Les propriétaires sociétaires prêteurs et les propriétaires emprunteurs n'entreront dans la Banque territoriale que par numéros d'ordre.

Les premiers propriétaires qui se feront inscrire comme sociétaires prêteurs de la Banque territoriale, profiteront des premières demandes d'emprunts pour avoir droit aux intérêts payés par les emprunteurs.

Les derniers propriétaires inscrits comme sociétaires prêteurs pour avoir droit aux bénéfices des intérêts payés par les emprunteurs, attendront qu'il y ait des demandes d'emprunt à leur numéro d'ordre correspondant, jusque-là ils ne seront que postulants.

Il en sera de même des propriétaires emprunteurs, ils ne pourront avoir droit aux emprunts qu'autant qu'il y aura aussi des propriétaires sociétaires prêteurs à leur numéro d'ordre correspondant.

Comme la Banque territoriale n'aura jamais besoin de rentrer dans son capital, les emprunteurs pourront, comme les propriétaires sociétaires prêteurs, renouveler leur engagement indéfiniment.

L'engagement des propriétaires sociétaires prêteurs pour garantir les billets de la banque territoriale avant de les prêter sur une autre garantie hypothécaire, n'aura lieu que pour un délai de trois ou cinq années; mais ils pourront renouveler leur engagement indéfiniment, de même que les propriétaires emprunteurs, en prévenant la Banque territoriale seulement quatre ou six mois à l'avance,

Si quelques sociétaires prêteurs demandaient à se retirer de la société avant l'époque fixée par suite de circonstances quelconques, cela leur sera facile, parce qu'il ne manquera pas de propriétaires postulants qui attendront avec impatience pour remplacer les sociétaires sortants, afin de recevoir à leur place les revenus considérables et annuels qu'ils auront abandonnés, surtout les propriétaires ruraux dont les immeubles ne rapportent ordinairement que 2 1/2 à 3 p. 100 du prix d'acquisition.

Ces propriétaires-là trouveront dans la Banque territoriale un nouveau revenu qui sera égal aux deux tiers au moins de ce qu'ils retirent ordinairement du fermage de leurs propriétés rurales, et cela sans rien débourser ni sans aucune chance de perte, puisque la Banque territoriale ne prêtera sur hypothèque que la moitié du gage qu'on lui donnera en garantie.

7° Combinaison pour l'échange au porteur contre espèces des billets de la Banque territoriale.

Nous allons exposer maintenant la combinaison financière que nous avons trouvée pour obtenir les espèces de l'État, afin de faciliter l'échange des billets au porteur de notre banque.

Nous prions nos lecteurs d'apporter leur attention sur cette combinaison si importante.

La Banque territoriale et agricole serait autorisée par le Gouvernement à créer et à émettre, en sus du montant des sommes prêtées, 24 p. 100 de billets qui constitueraient le fonds de roulement de cette Banque.

Ces 24 p. 100 de billets seraient, au même titre que les autres billets prêtés, garantis hypothécairement, moitié sur la propriété des sociétaires prêteurs et moitié sur celles des emprunteurs, sans nouvelles charges pour ces derniers.

Ces 24 p. 100 seraient constitués de la manière suivante :

Les sociétaires-prêteurs devant créer des billets pour une valeur égale à l'estimation de leurs propriétés, la Banque territoriale ne prêterait que 88 p. 100 au lieu de la totalité; elle conserverait dans ses caisses cette différence de 12 p. 100 pour former la première moitié de son fonds de roulement.

Comme la loi, dans sa sagesse, a prescrit qu'il fût pris inscription sur les propriétés des emprunteurs, non-seulement pour le capital prêté, mais encore pour les intérêts de trois années, y compris l'année courante, plus les frais jugés nécessaires en cas d'expropriation forcée, la Banque territoriale, usant des mêmes droits, sans imposer de nouvelles charges à ses emprunteurs et sans avoir besoin de loi nouvelle, émettrait, en billets de Banque, en sus du capital emprunté, la valeur de trois années d'intérêt qui, à 4 p. 100 par an, font 12 p. 100, et formerait ainsi la seconde moitié du fonds de roulement.

L'emprunteur recevrait des billets pour le montant intégral de son emprunt, et la Banque territoriale garderait dans ses caisses les billets représentatifs des trois années d'intérêt, soit à 4 p. 100, — 12 p. 100, lesquels, ajoutés aux autres 12 p. 100 fournis par les sociétaires-prêteurs, constitueraient dans son entier le fonds de roulement de 24 p. 100 ayant le même privilége hypothécaire sur les propriétés des sociétaires-prêteurs et des emprunteurs que les autres billets prêtés.

Ces 24 p. 100 de billets qui formeraient le fonds de roulement de la Banque territoriale, la Banque territoriale serait autorisée à les échanger contre espèces dans toutes les caisses de l'Etat et au pair au fur et à mesure de ses besoins.

Par ce moyen, la Banque territoriale ne manquera jamais d'espèces pour échanger ses billets au porteur.

D'un autre côté, l'Etat devra aussi recevoir de tout le monde les billets de la Banque territoriale et ceux de son fonds de roulement en payement des impôts ; il permettrait également à tous ceux qui en seraient porteurs de les échanger au besoin dans toutes ses caisses, comme ils pourront le faire également dans toutes les caisses de la Banque territoriale, en province comme à Paris.

Le fonds de roulement de 24 p. 100 de la Banque territoriale devra toujours rester intact dans ses caisses, soit en billets de banque, soit en espèces.

Il va sans dire que l'Etat ne prendrait d'engagement envers la Banque territoriale pour lui donner ses espèces en échange des billets de son fonds de roulement, que jusqu'à concurrence du numéraire dont il pourrait disposer. Il sera facile à la Banque territoriale, une fois sa combinaison adoptée par l'Etat, de trouver ailleurs du numéraire, et de même

au pair, en échange des billets de son fonds de roulement si elle en a besoin.

En effet, la Banque territoriale rendant l'argent
abondant et à bon marché, les chemins de fer, la ville
de Paris, les propriétaires qui ont des capitaux et
toutes les sociétés industrielles auront intérêt à ali-
menter la Banque territoriale de leurs espèces et les
apporteront chez elle, soit en dépôts, soit en échange
de ses billets et aussi au pair.

Les billets que le Gouvernement recevrait de la
Banque territoriale, soit d'elle-même, soit des per-
sonnes qui en seraient porteurs, seraient donnés par
l'Etat en payement à ses fonctionnaires comme à ses
créanciers, au lieu d'espèces, de même qu'il le fait
depuis de longues années déjà avec les billets de la
Banque de France.

8º L'acceptation de la Banque territoriale par le Gouvernement.

Le jour où cette combinaison sera acceptée et
sanctionnée par le Gouvernement, et où celui-ci an-
noncera officiellement qu'il vient d'autoriser la Banque
territoriale à créer des billets au porteur reposant sur
des garanties hypothécaires d'une valeur triple de
leur émission, et qu'il ouvrira ses caisses et prêtera
son concours à cette grande institution économique,
le public aura certainement une telle confiance dans
ces billets qu'il les acceptera sans difficulté par toute
la France ; ces billets circuleront de même que le
numéraire, et personne ne viendra en demander le

remboursement, à moins d'avoir absolument besoin d'espèces.

Le concours que nous demandons à l'Etat nous sera accordé, nous n'en doutons pas, dès qu'il se sera rendu un compte exact des services que pourra rendre l'établissement de la Banque territoriale à toutes les classes de la société et à l'Etat lui-même.

Ce concours serait d'ailleurs indispensable, parce qu'il n'existe aucun autre moyen pour échanger au porteur des billets prêtés à long terme, que de profiter des espèces qui se trouvent dans les caisses de l'Etat.

Tout autre capital déterminé, soit en actions, soit en obligations, s'épuiserait au bout d'un certain temps, faute de pouvoir être renouvelé, et la Banque serait bientôt arrêtée dans son fonctionnement. Les ressources du Trésor sont, au contraire illimitées; elles sont indéfiniment alimentées par les impôts, les caisses d'épargne, et ses emprunts, etc.; elles peuvent donc fournir à la Banque territoriale un fonds de roulement constant en capital-argent.

Par suite de la création de la Banque territoriale et de l'émission de ses billets, un nouveau capital considérable viendra s'ajouter aux billets de la Banque de France et au numéraire en circulation.

9° Les avantages que produira la création de la Banque territoriale.

Dès lors, la Banque territoriale aura pour effet, par l'abondance du capital qu'elle créera : 1° de mul-

tiplier les affaires de toutes sortes et les bénéfices
de chacun à l'infini ; 2° d'empêcher la crise financière
et même monétaire de se produire ; 3° de rendre le
chômage impossible ; 4° d'empêcher la ruine des propriétaires et des constructeurs qui empruntent à un
taux d'intérêt trop élevé ; 5° de faire monter considérablement toutes les valeurs, actions et obligations,
qui sont et qui peuvent être émises à la Bourse,
et faire gagner ainsi l'État de 10 à 15 p. 100, en faisant
son emprunt de 3 milliards ; 6° de donner à la propriété foncière une plus grande valeur qu'aujourd'hui ;
7° de pouvoir construire à meilleur compte que par
le passé, puisque l'on pourra obtenir de l'argent sur
hypothèque et à intérêt très-minime, et faire ainsi
diminuer le prix des loyers ; 8° de faire produire
au sol tout ce qu'il pourra rendre, et les produits
récoltés en abondance nous conduiront à la vie à
bon marché ; 9° de permettre de fabriquer à meilleur compte qu'aujourd'hui, par suite de l'abaisse-
ment du taux de l'intérêt et de la facilité que l'on aura
de trouver de l'argent. Dans ce cas, les produits
récoltés et fabriqués à meilleur marché qu'autrefois
se vendront facilement à l'étranger et feront rentrer
considérablement de numéraire en France ; 10° de produire directement et indirectement, au moyen de la
douane, des revenus considérables à l'Etat, revenus
qu'on peut évaluer à plusieurs centaines de millions
et peut-être avec le temps à des milliards par l'augmentation rapide de toutes les affaires, résultant de
l'abondance de l'argent et du bon marché de l'intérêt ;

11° d'empêcher toute augmentation d'impôts; 12° de rétablir par ce fait les finances de l'Etat et celles des particuliers.

10° Conséquence favorable de l'abondance de l'argent ou d'un papier
de circulation qui le représente.

On sait parfaitement que la prospérité d'un pays dépend exclusivement de l'abondance de l'argent et de son bon marché, et l'on ne peut obtenir ce résultat que par la création d'un papier de circulation inspirant toute confiance, prêter sur hypothèque et à long terme et non à courte échéance, comme le fait la Banque de France pour le sien; car le papier de cette dernière banque n'est pas aussitôt mis en circulation qu'il faut chercher des moyens de le retirer pour payer les valeurs commerciales que le négociateur lui avait données en échange. Il ne peut en être de même des billets de la Banque territoriale, qui seront prêtés sur hypothèque, à long terme; ces billets resteront en circulation indéfiniment et rendront de la sorte infiniment plus de services que ceux de la Banque de France.

11° L'argent n'a jamais été rare en France, mais difficile à emprunter
sur hypothèque et autrement, même à un prix élevé.

Tout au plus pourrait-on prétendre que le capital est assez abondant, que l'argent n'a jamais été rare en France, et qu'il a, au contraire, toujours été très-abondant. Mais à quoi a servi cette abondance de l'argent, puisque personne n'est à même, depuis la création des chemins de fer, de trouver à emprunter sur hypothèque ni autrement? Ceux qui possèdent le capital, au lieu de le prêter au commerce, à l'industrie, ou sur hypothèque aux propriétaires fonciers, préfèrent le porter à la Bourse, non-seulement parce qu'ils sont payés à jour fixe de leurs intérêts, mais encore parce qu'ils peuvent rentrer à volonté dans leur argent et profiter de mille circonstances favorables qui se présentent journellement à la Bourse.

12° Le Crédit foncier de France ; ses conséquences, ainsi que de toutes les aütres institutions de crédit de ce genre.

Le Crédit foncier offre bien encore aujourd'hui de faire des prêts hypothécaires. Mais comme il est obligé d'emprunter lui-même pour prêter, au moyen de la création de ses obligations portant intérêt, il en résulte qu'il fait augmenter le taux de l'intérêt, au lieu de le faire diminuer. Par ce motif il ne peut prêter qu'à un intérêt très-élevé, et cela indépendamment de toutes les charges auxquelles il assujettit ses emprunteurs qui font augmenter encore, sans qu'on s'en doute, le taux de l'intérêt. Aussi le Crédit foncier, qui a prêté à 6 fr. 06 centimes p. 100 d'intérêt, a-t-il à peu près ruiné tous les propriétaires qui ont eu recours à ses services. On doit s'en rendre compte par toutes les expropriations qu'il fait en ce moment, expropriations qui ne font que de commencer.

Ce n'est certes pas aujourd'hui que les propriétaires

qui empruntent au Crédit foncier pourront échapper à la ruine, car les obligations qu'ils reçoivent en payement de leurs emprunts ne peuvent se négocier à la Bourse qu'avec une perte qui varie de 8 à 12 p. 100, malgré tous les moyens que cet établissement emploie pour les faire monter.

Les propriétaires qui ont besoin d'emprunter ne trouvant pas d'autres prêteurs, sont bien forcés de recourir au Crédit foncier; mais ils ne font qu'ajourner leur ruine, car toutes les sociétés de Crédit foncier ou de Crédit agricole qui se sont établies depuis quelques années, telles que le Crédit rural, le Crédit communal, même le Crédit foncier suisse et autres sociétés de ce genre, qui ont émis des obligations portant intérêt, peuvent moins encore que le Crédit foncier de France, prêter à bon marché sur hypothèque, ou aux agriculteurs sur signatures privées, puisque les obligations qu'ils émettent sont tombées à vil prix en les créant.

Il est donc indispensable de trouver le moyen d'établir une nouvelle institution financière qui vienne sérieusement en aide à la propriété foncière, en lui prêtant à bon marché, condition essentielle d'existence pour l'agriculture. Il n'y a que notre Banque territoriale avec création de billets ne portant pas intérêt qui puisse remplir ce but, et elle renferme aussi le seul système de crédit foncier qu'on puisse faire fonctionner pratiquement pour avoir à bon marché de l'argent sur hypothèque.

13° La Banque de France et son privilége; la Banque de Savoie; la Banque territoriale et le Crédit foncier.

Nous ne pouvons nous empêcher de faire observer que, si depuis plus de vingt ans que nous nous occupons de finances, nous avions été écouté et compris par le Gouvernement, la France serait loin d'être dans la position déplorable où elle est actuellement; mais l'établissement du Crédit foncier, ainsi que du privilége de la Banque de France, ont arrêté tout examen de notre système de banque, et cependant ce privilége ne peut être invoqué à bon droit contre notre banque qui n'opère pas sur le même terrain, ni pour le même objet; elle ne crée pas, en effet, ses billets au porteur pour les prêter sur effets à ordre et à courte échéance, au commerce et à l'industrie, ainsi que l'eussent fait MM. Pereire, avec leur banque de Savoie, s'ils eussent été autorisés à la faire fonctionner; mais la Banque territoriale, ne prêtant que sur hypothèque et à long terme, aux propriétaires et aux agriculteurs, loin de faire concurrence à la Banque de France et d'empiéter sur son privilége, ne servira au contraire qu'à développer et compléter avec elle le crédit général.

Que l'on veuille bien aujourd'hui, instruits par les leçons du passé, étudier nos propositions, que la presse tout entière nous prête son appui, et bientôt nos idées seront appréciées comme elles le méritent et mises en application, elles doteront la France d'une prospérité qu'elle n'a jamais connue jusqu'ici.

14° Observations générales et conclusions.

Je fais suivre cet exposé de quelques réflexions générales. J'ai donné au Gouvernement de la défense nationale des moyens certains de faire face à toutes les dépenses de la guerre, sans recourir à des emprunts publics. Je prévoyais que les ressources du Trésor seraient bientôt épuisées, sans qu'un emprunt fût possible, puisque Paris était investi par l'ennemi.

J'avais également annoncé et publié que, faute de ressources suffisantes, le Gouvernement serait obligé de recourir à la Banque de France, et j'avais démontré toutes les conséquences fatales qui pourraient en résulter dans l'avenir, prévoyant que le papier qui serait émis par la Banque de France pour le compte de l'Etat ferait déprécier la totalité des billets émis par cette banque et l'obligerait à garder indéfiniment le cours forcé. On ne s'est pas rendu compte de mes propositions. Les faits sont venus, malheureusement, confirmer de la façon la plus complète toutes mes prévisions.

Pour remédier à ces fautes, je propose aujourd'hui au Gouvernement de l'Assemblée nationale plusieurs combinaisons qui permettraient d'obtenir, au moyen d'un emprunt, des espèces en quantité suffisante pour payer en espèces l'indemnité de guerre aux Prussiens.

Si ces combinaisons ne sont pas encore acceptées, l'expérience viendra encore prouver la justesse de mes idées, comme elle l'a fait pour tout ce que j'ai annoncé dans mes écrits, au sujet des questions financières.

Ce n'est pas sans amertume que l'on songe combien il est difficile de faire accepter en France des idées nouvelles. Que de découvertes restent dans le néant faute d'être appréciées à leur juste valeur! Faut-il rappeler à cet égard les leçons du passé? Les exemples abondent d'inventions utiles, dédaignées et incomprises.

Si Napoléon Ier s'était rendu compte de la puissance de la vapeur, s'il avait appuyé Fulton au lieu de le rebuter, il eût facilement battu les Anglais sur mer et ne serait pas mort à Sainte-Hélène.

Si Napoléon III s'était rendu compte du mécanisme de la Banque territoriale que je propose, sans discontinuer, depuis plus de vingt ans, cette Banque étant appelée à rendre l'argent abondant et à bon marché, le Gouvernement aurait pu donner une impulsion vigoureuse à toutes les affaires, à toutes les industries, à l'agriculture, à la construction, à toutes les transactions, en un mot.

Il aurait eu des revenus considérables pour faire face à ses dépenses, sans augmentation d'impôts et sans avoir recours aux emprunts. La France aurait atteint un degré de prospérité sans égale. L'empereur aurait pu former une armée formidable, sans soulever contre lui une opposition générale. Il aurait pu soutenir la lutte contre les Prussiens au lieu d'aller, avec des troupes insuffisantes, échouer à Sedan.

La question des finances domine en ce moment la politique du gouvernement.

Si notre Banque n'est pas mise à exécution pour ranimer les esprits et les affaires, la France ne pourra sortir de la crise financière qu'elle traverse, les agitations et les troubles ne feront que s'accroître. On verra d'ici quelques années les gouvernements se succéder les uns aux autres et se consumer dans des efforts stériles, et la grandeur de la France sera perdue à jamais.

Nota. — Les Gouvernements étrangers se trouvent dans la même position que la France ; ils succomberont tous, à moins qu'ils ne se décident à adopter une Banque territoriale telle que nous la proposons, Banque qui rendra le capital abondant et à bon marché, au moyen de la création de billets reposant sur des garanties hypothécaires à l'abri de toute éventualité. C'est le seul moyen de procurer à tous les Gouvernements, directement et indirectement, des revenus considérables et de faire tout prospérer. C'est le véritable progrès.

Ce travail est fait depuis plusieurs mois ; nous avons tardé à le publier à cause de l'emprunt de trois milliards, qui a lui-même été retardé.

DAVID (DE CHOLET),

Membre de la Société et de la Commission des Agriculteurs de France,
MEMBRE CORRESPONDANT
de la Société économique des Amis du Pays, de Madrid,
Auteur du Projet de la Banque Territoriale et Agricole,
Rue Cadet, n° 26,
A PARIS.

Mai 1872.

Paris. — Typ. Pillet fils aîné, rue des Grands-Augustins, 5.

OUVRAGES DU MÊME AUTEUR

Depuis 1851, l'auteur a développé son projet de Banque territoriale dans un grand nombre de brochures et prospectus, qu'il a publiés sous les titres suivants :

1º Exposé sommaire d'un nouveau système de Banque territoriale par l'association des propriétaires, pour garantir hypothécairement un billet de Banque ne portant pas intérêt, avant de le prêter sur d'autres garanties hypothécaires. (Janvier 1851.)

2º Nouveau système de Crédit foncier, ou projet d'organisation d'une Banque territoriale. (1852.)
Deuxième édition. (Même année.)

3º Formation d'une Société de Constructeurs ayant pour but d'élever des constructions à forfait, sans que les propriétaires du terrain aient besoin de débourser d'argent, en payant seulement à la Société un intérêt de 3 à 4 p. 100 par an. (1852.)

4º Résumé d'un nouveau système de Crédit foncier, ou projet d'organisation d'une Banque territoriale, avec des observations sur le Crédit foncier de France. (15 octobre 1853.)
Deuxième édition. (1854.)

5º Régénération financière, ou l'argent à bon marché. Nouveau système de Banque territoriale appelé à remplacer le Crédit foncier de France (1855), et trois Observations sur les difficultés que rencontre dans la pratique le Crédit foncier de France, publiées en 1853, 1854 et 1855.
Deuxième édition. (1856.)

6º Statuts constitutifs arrêtés par acte passé devant Mᵉ Dumas et son collègue, notaires à Paris, le 20 octobre 1855, enregistré. Banque territoriale de France, Caisse générale de Crédit hypothécaire de la propriété foncière de France. (1855.)

7º Banque territoriale de France. Nouveau système de Crédit foncier par l'association des propriétaires. Appel aux propriétaires. (1856.)
Deuxième édition. (Même année.)

8º Régénération financière, ou l'argent à bon marché. Nouveau système de Banque territoriale appelé à remplacer le Crédit foncier de France. (1857.)
Deuxième édition. (1858.)

9º Banque territoriale de France. Exposé sommaire et détaillé d'un nouveau système de Crédit foncier et agricole par l'association des propriétaires. (Mars 1859.)

10º Banque territoriale et agricole de France. Exposé sommaire et détaillé d'un nouveau système de Crédit foncier, qui est tout à la fois aussi bien Crédit agricole que Crédit foncier; contenant des observations sur le Crédit foncier de France, ses emprunteurs et les acheteurs de ses obligations à la Bourse. Sur la Création d'une Banque territoriale mise à exécution en France en l'an X de la République; ses conséquences et les causes de sa déchéance.

Mémoire adressé à l'Empereur, à Plombières, en 1857, au moment où la Banque de France a élevé le taux de son escompte de 7 1/2 à 10 p. 100; ses conséquences et sa non-raison d'être. Observations sur les idées financières émises par M. Emile de Girardin et sur tous les projets ou institutions établis dont le papier porte intérêt. Le drainage, le cheptel, les docks agricoles et les docks commerciaux. Le Crédit agricole proposé par le Crédit foncier de France. Assurance générale, obligatoire ou volontaire, présentée par M. Péron. (Juin 1860.)

Deuxième édition. (1860.)

11° Banque territoriale de France. Nouveau système de Crédit foncier et agricole, dont l'application est aussi facile à l'étranger qu'en France. (Janvier 1861.)

Deuxième édition. (1861.)

12° Banque territoriale et agricole de France. Deux pétitions au Sénat. Les rapports et la réponse aux objections de ces rapports. (Mai 1862 et 1863.)

13° L'argent à 4 et même à 3 p. 100 sur hypothèque, net de tous frais d'actes. Banque territoriale et agricole de France, créée au moyen d'une association de propriétaires. Nouveau système de Crédit foncier et agricole dont l'application est aussi praticable à l'étranger qu'en France.

14° Régénération financière. L'argent à 4 et même à 3 p. 100 sur hypothèque, net de tous frais d'actes. Banque territoriale et agricole de France, dont l'application est aussi facile à l'étranger qu'en France. (Janvier 1864.)

15° Enquête sur la Banque de France; réponse au questionnaire de cette enquête. (Juillet 1865.)

16° Régénération financière. L'argent à bon marché au moyen de l'application d'un nouveau système de Banque territoriale, appelé par la supériorité de ses avantages à remplacer le Crédit foncier de France. (1865.)

Deuxième édition.

17° Enquête agricole; réponse au questionnaire de cette enquête. L'argent à 4 et même à 3 p. 100 sur hypothèque, au moyen d'une Banque territoriale. Extrait d'un Discours prononcé sur notre Banque, au Corps législatif, par M. Aymé, député, le 22 juin 1866. Lettre adressée au journal *la Presse*, au sujet de l'enquête agricole. (Avril 1866.)

18° Banque territoriale et agricole de France. Nouveau système de crédit foncier. (1867.)

19° Objections contre la Banque territoriale, avec les réponses à ces objections. (Janvier 1868.)

20° L'argent à 4 et même à 3 p. 100 sur hypothèque, au moyen de la création de la Banque territoriale et agricole. (Mai 1868.)

21° Deux lettres (imprimées) adressées à MM. les Membres du Gouvernement de la Défense nationale, leur donnant les moyens de se créer des ressources pour faire face aux frais de la guerre, sans recourir aux emprunts. (6 et 18 octobre 1870.)

Etc., etc., etc.

www.ingramcontent.com/pod-product-compliance
Ingram Content Group UK Ltd.
Pitfield, Milton Keynes, MK11 3LW, UK
UKHW020105100726
13658UKWH00004B/1990